Alain Dag'Nau

LES SECRETS DU MONT SAINT-MICHEL

pyramide des mers

Reproductions de
gravures anciennes
des
XVIIIe et XIXe siècles

EDITIONS JEAN-PAUL GISSEROT

YAN' D

Partout où tu verras quelque chose de grand et de merveilleux, tu as à faire à saint Michel

Qui est saint Michel dont la statue de cuivre dorée surplombe la flèche de l'abbatiale ? Archange guerrier et justicier, il porte lance et balance. « Mi-ka-el », en hébreu, est une mise en garde : « Qui se prétend comme Dieu ? » Prince de la milice des anges en lutte contre Lucifer, archistratège des forces du Bien contre celles du Mal, de la Lumière face aux Ténèbres, Michel abat ceux qui se dressent contre Dieu. L'Apocalypse de saint Jean décrit la bataille de titans menée par l'Archange au commencement du monde : « Un signe prodigieux apparut dans le ciel, une femme enveloppée par le soleil posant ses pieds sur la lune et douze étoiles couronnant sa tête. Elle est enceinte et crie dans les douleurs et le travail de l'enfantement. Puis un second prodige apparut au ciel : un énorme dragon rouge feu à sept têtes et dix cornes, chaque tête couronnée d'un diadème. Sa queue balaie le tiers des étoiles et les précipite sur la terre. Le dragon s'apprête à dévorer l'enfant de la femme en travail dès qu'il sera né. Or la femme mit au monde un enfant mâle, celui qui doit mener toutes les nations avec un sceptre de fer et l'Enfant fut enlevé jusqu'auprès du trône de Dieu. Alors un grand combat s'engagea dans le ciel. Michel et ses anges combattirent le dragon et le dragon riposta appuyé par ses anges, mais ils furent vaincus et chassés du ciel. L'énorme dragon, le venimeux serpent, le diable Satan, le séducteur du monde entier fut jeté sur la terre et ses anges avec lui. Et j'entendis une voix clamer dans le ciel :

— Désormais la victoire, la puissance et la royauté sont acquises à notre Dieu et la domination à son Christ. » (XII, 1-10).

A la fin des temps, Michel se manifestera de nouveau pour annoncer le Jugement dernier et participer au combat final contre l'Antéchrist : « Le Seigneur, au signal donné par la voix de l'Archange et la trompette de Dieu, descendra du ciel. » (1 Thess. IV, 16) En attendant cet ultime cataclysme, Michel prend en charge à chaque trépas les âmes des défunts, les pèse dans sa balance pour en jauger les péchés, puis les mène à travers l'au-delà jusqu'aux portes du Paradis.

L'origine et la fin du monde, le trépas et l'au-delà, tels sont les redoutables domaines de l'Archange. Il est présent en des lieux mystérieux, terreur des hommes : pitons rocheux comme le dyke du Puy en Velay, falaises comme Saint-Mihiel en Lorraine ou même Tonnerre, forêts, tumulus funéraires comme à Carnac, gouffres et ilôts comme le Mont Saint-Michel, aux frontières de la terre et de l'enfer, de la vie et de la mort.

Gardien des passages et messager du Très-Haut, Michel intervient dans l'histoire des hommes au moment où les sociétés semblent basculer, inaugurant des temps nouveaux. Lorsque le peuple juif part pour l'Exode, Dieu s'adresse à Moïse : « Voici que j'envoie un ange devant toi pour te garder dans le chemin et pour te faire parvenir au lieu que j'ai préparé. Sois sur tes gardes en sa présence et écoute sa voix. Ne lui résiste pas parce que mon nom est en lui. Et mon ange marchera devant toi. »(Exode, XXIII, 23) Michel apparaît à Josué dans la campagne de Jéricho. A la veille de la bataille de Pont-Milvius en 312, il présente une croix à Constantin et lui dit : « Tu vaincras par ce signe. » Dès 314, l'empereur élève à Byzance le célèbre sanctuaire du Michaelion et se fait le propaga-

En page de gauche: Le Jugement dernier.

Le flanc sud du Mont Saint-Michel au XVIIIe siècle.

teur du culte de l'Archange dans tout l'Orient devenu chrétien. En 492, Michel se révèle au Mont Gargan, sur l'éperon de la botte italienne, puis il disperse les hordes barbares d'Odoacre. En 590, le pape Grégoire Ier dirige dans Rome une procession pour mettre fin à la peste. L'Archange apparaît au dessus du mausolée d'Adrien, essuie son épée ensanglantée et la remet au fourreau. L'épidémie est terminée. Le mausolée prend le nom de Château Saint-Ange et une église est dédiée à saint Michel sur la via Salaria. En 708, l'Archange se fait édifier un sanctuaire sur le Mont Tombe en Normandie. Aux alentours de l'an 800, Charlemagne adopte Michel comme « Protecteur et prince de l'empire des Gaules ». Enfin, en l'année 1420, dans le petit village de Domrémy, l'Archange apparaît à une fillette de 13 ans prénommée Jeanne…

Le château Saint-Ange élevé à Rome en l'honneur de l'Archange.

En page de droite: Le Mont Saint-Michel vu du Nord-Ouest, à la fin du Xe siècle.

Ange ou Archange ?

Le mot « ange » vient du grec « angelos », le messager. Intermédiaires entre Dieu et les hommes, protecteurs de la nature et de l'humanité, les bons anges forment « l'armée du ciel ». Ils sont organisés en une hiérarchie quasi militaire. Au sommet, les **Archanges** sont au nombre de quatre : Michel, Gabriel, Raphaël et Uriel (certains théologiens leur adjoignent Raguel, Saraqiel et Remeiel). Ils ont reçu la plénitude de l'illumination divine. Puis vient la milice des « simples » **anges**, chargés de veiller sur les hommes. Les esprits angéliques dénommés **Principautés** sont les protecteurs des nations. Les **Dominations**, les **Vertus** et les **Puissances** ont pour fonction le contrôle des forces de la création. Enfin, les **Trônes**, les **Chérubins** et les **Séraphins** gouvernent l'amour, la science et la paix.

Grant Gosier, Gargamelle et Gargantua, des géants au Mont Saint-Michel

Les « Grandes et inestimables chroniques du grand et énorme géant Gargantua » (1532) qui inspirèrent Rabelais, racontent comment Grant Gosier et Galemelle, dite aussi Gargamelle, parents de Gargantua, s'en revinrent d'Orient portant chacun sur leur tête, en guise de souvenir, un énorme rocher. De passage en Normandie, les deux géants décidèrent de mettre à l'abri leur butin. Ils entrèrent « en la mer, et quand Grant Gosier fut assez avant, il mit son rocher lequel à présent est appelé le Mont Saint-Michel...Galemelle voulait mettre le sien contre mais Grant Gosier dit qu'elle n'en ferait rien et qu'il le fallait porter plus avant. Galemelle fit le commandement et le porta plus loin. Et est ledit rocher de présent appellé Tombelaine. » Pendant ce temps, sur la rive, Gargantua pissotait, créant de son urine la rivière Sée qui se jette dans la baie. A la mort de ses parents, Gargantua les inhuma sous leurs rochers.

Les noms de Gargantua et de Gargamelle, ou Galemelle, ont la même racine étymologique « gar » ou « gal », c'est-à-dire la pierre, le galet. Un galgal était autrefois une accumulation de galets servant de tertre funéraire. Quant à Grant Gosier, il désigne une gorge, un gouffre ou un abîme. Par son insolite élévation rocheuse au-dessus de l'abîme mouvant des sables, le Mont, que parfois au Moyen Age l'on dénommait Gargan, se prêtait à devenir la sépulture de ces géants mythologiques, fils de la Terre et du Ciel, puissances telluriques créatrices des formes naturelles les plus insolites.

D'autres sites michaeliens sont liés à des géants. Le Mont Saint-Michel de Grande-Bretagne, un ilôt rocheux à la pointe de Cornouailles, passait pour la demeure d'un couple de géants, Cormoran et son épouse Cormélian, porteuse de pierre. En Italie, le fameux sanctuaire de l'Archange fondé en 492 sur le promontoire rocailleux des Pouilles, s'appelle Monte Gargano. Son église est dominée par un château en ruines, le Castello del Gigante. Sur l'autre rive de l'Adriatique, en Grèce, on honorait dans l'Antiquité la Gorgone, hideuse fille du dieu marin Phorcys, au visage dardant une chevelure de serpents, au regard étincelant qui transformait en pierre quiconque osait lever les yeux sur elle. De son cou tranché par Persée, naquit le cheval ailé Pégase, le géant Géryon au triple corps et son chien Gargettos. Offerte à Athéna, la tête monstrueuse fut représentée en effigie à l'entrée des temples pour tenir à distance les esprits maléfiques. Gorgone, Gargan, Gargantua... Il est des coïncidences bien mystérieuses.

La naissance mystérieuse d'une île : Saint-Michel au péril de la mer

A propos, qu'en est-il de la véritable formation du Mont en cette baie curieuse aux limites fluctuantes ? Sous l'Empire romain, de lourds convois chargés d'étain passaient en droite ligne de Dol à Granville sur une voie solidement empierrée. Lorsque des envoyés de saint Aubert, évêque d'Avranches, partirent pour l'Italie en 708, une partie de la baie actuelle était occupée par la forêt de Scissy d'où surgissaient les pyramides rocheuses du Mont Tombe et de Tombelaine. Quelques mois plus tard, au retour des émissaires, la forêt avait disparu. Que s'est-il donc passé au printemps 709 ? Les chroniqueurs prétendent qu'un formidable raz de marée avait tout submergé, maisons, routes et bois, ennoyant les estuaires de la Sée, de la Sélune et du Couesnon, cernant de ses flots démontés les hauteurs de Jersey, de Chausey, de Tombelaine et du Mont Tombe devenu « Saint-Michel au Péril de la Mer ». Le rivage venait de reculer d'environ trente kilomètres !

L'hypothèse d'une tempête, voire d'un raz de marée, violent cataclysme qui aurait bouleversé les paysages, ne peut être écartée. Mais les géologues penchent plutôt pour une longue transgression marine. Des sondages effectués pour un projet d'usine marémotrice en travers de la baie, ainsi que la découverte de troncs d'arbres fossiles, de bois de cerfs et d'ossements animaux ont révélé que vers 10 000 av. J.-C., la mer était à 20 mètres au dessous de son niveau actuel. Le réchauffement du climat et la fonte des glaces ont fait monter les eaux peu à peu. Vers 6 500 avant notre ère, la mer n'était plus qu'à 10 mètres sous son niveau actuel et Jersey était devenue une île. Vers — 3 000, les Chausey à leur tour étaient isolées à marée haute. Mais les flots poussaient devant eux des masses de sédiments qui, à la rencontre des alluvions fluviales, finirent par former un cordon littoral, véritable barrage de plus en plus élevé. La mer avait beau continuer à monter, le fond du golfe échappait à la submersion. Du moins jusqu'à ce jour de mars 709 où une forte marée d'équinoxe, gonflée par la tempête et des vents de nord-ouest, rompit la digue naturelle et laissa les flots s'engouffrer jusqu'au fond de

Au XIXe siècle, un groupe de pèlerins disparut à jamais sur les grèves.

L'escalier qui mène à l'Abbaye. La Merveille est sur la droite.

l'entonnoir délimité par les falaises hercyniennes du Cotentin et de Bretagne. Des villages furent engloutis : Sainte-Anne, Saint-Etienne de Paluel dont les vestiges reparurent à l'issue d'une tempête, le 9 janvier 1735. A marée basse, l'on put se promener dans les rues et retrouver le vieux puits.

L'ensablement actuel, en grande partie provoqué par l'homme, ses digues et ses prés-salés, n'est en somme qu'un retour artificiel aux temps d'avant l'Archange, lorsque le Mont Saint-Michel n'était encore que le Mont-Tombe.

L'accouchée de la Croix des Grèves

« Il arrive parfois qu'un homme, un voyageur ou un pêcheur, cheminant à marée basse sur la grève, loin du rivage, s'aperçoit soudainement que depuis plusieurs minutes il marche avec peine... Brusquement il enfonce... Il retire ses pieds, il retourne en arrière ; il enfonce plus profondément... Il appelle, il agite son chapeau ou son mouchoir, le sable le gagne de plus en plus... tous les mouvements qu'il fait l'enterrent... Le voilà dans le sable jusqu'au ventre ; le sable atteint la poitrine...Le sable atteint les épaules, le sable atteint le cou, la face seule est visible maintenant. La bouche crie, le sable l'emplit ; silence. Les yeux regardent encore, le sable les ferme. » (Victor Hugo, *Les Misérables*)

Attention si vous traversez les grèves. Le danger des sables mouvants est réel. Un guide vous est indispensable. N'oubliez pas que les brumes tombent vite sur la baie et que l'on a tôt fait de s'égarer en ces vasières où sinuent des bras de la Sée, de la Sélune et du Couesnon. Enfin, le principal danger est la formidable marée dont l'amplitude varie entre douze et quinze mètres, et dont le flux en certains endroits atteint 30 km à l'heure ! La vitesse d'un cheval au galop.

Il y a bien longtemps, sous l'abbé Hildebert, une femme manqua être engloutie. « L'an 1011, une femme de la province, qui estoit presque au terme d'accoucher, importuna son mari pour y venir, dont il la voulut en vain dissuader. Ils partirent donc avec quelques-uns de leurs voisins, et arrivés en ce Mont fort contents y firent leurs prières et présentèrent leur offrande, puis se mirent en chemin pour retourner au pays. Estant déjà au milieu des grèves, entre ce Mont et le bourg de Genest, voici qu'un épais brouillard s'éleva soudain (ainsi que nous voyons souvent arriver) et ne voyant ni ciel ni terre ils ne savaient de quel côté tourner. La mer de plus dont ils entendaient les avant-coureurs les contraignait de se retirer au plus vite. Mais comme ils tâchaient de se sauver, la femme avança l'heure de son accouchement par l'effort qu'elle faisait de suivre les autres, tellement que ne pouvant plus marcher ni les autres demeurer, s'ils ne voulaient périr avec elle, ils la laissèrent là, grandement tristes... Cette femme invoquait saint Michel et l'Archange la sauva : il fit que la mer l'environnât, faisant autour d'elle un cercle, de sorte que la mer croissant toujours, elle fit comme un puits très profond autour de cette femme. Ainsi, demeurant à l'abri de ces murs aquatiques, elle enfanta un fils qu'elle baptisa des eaux de la mer. » (Dom Jean Huynes). Lorsque le flot se retira, le mari et les amis qui attendaient sur la rive commencèrent à chercher le corps et la trouvèrent en pleine vie. L'enfant fut prénommé Péril, car il était né au péril de la mer, et une croix gigantesque fut élevée en cet endroit des grèves. Elle disparut au XVIIe siècle, emportée par la mer démontée.

Le Mont Dol, antique sanctuaire de Mithra. C'est là que commença le combat de l'Archange contre Satan.

En page de droite: Vue du Mont côté nord-est.

La légende du palais de glace et du palais de pierre

Un soir d'hiver, Satan rencontre Michel sur les bords du Couesnon et convient avec lui que les âmes des villageois des environs seront à celui qui bâtira le plus bel édifice en l'espace d'une nuit. Michel choisit Tombelaine et Satan le Mont Tombe. Au matin, l'Archange a élevé un superbe palais de glace. Le diable a réalisé la Merveille que nous connaissons. « Viens, dit Michel, visiter mon château. » Le démon admire, se reconnaît vaincu et accepte l'échange que lui propose l'Archange. L'aurore paraît, puis le soleil qui fait fondre la glace et le palais. Satan est doublement vaincu.

Le dragon de la baie

En quittant le Mont Saint-Michel, allez jusqu'à Pontorson et prenez à droite la D 797 qui longe l'ancien rivage. A l'entrée du Vivier, tournez à gauche dans la D 155 qui vous mène au Mont Dol. Au sommet de cette éminence granitique haute de 65 mètres, vous découvrirez les traces du combat que Michel commença ici contre Satan. Celui-ci est jeté une première fois à terre, laissant sur le roc la trace de son postérieur. Le diable se redresse, imprimant sa griffe sur une pierre. Michel vrille alors le rocher jusqu'au tréfonds et ceinture Lucifer qu'il précipite dans le gouffre. Mais voici que l'éternel ennemi reparaît sur le Mont Saint-Michel. L'Archange prend son élan sur une pierre où l'on voit encore la marque de son pied, d'un bond rejoint son adversaire qu'il renverse, perce de son épée ou de sa lance en forme de croix et cloue pour mille ans sous l'île pyramidale.

Est-ce le diable libéré qui ressurgit sous forme d'un dragon au temps de saint Aubert, évêque d'Avranches au début du VIIIe siècle ? Un jour, des villageois signalent au prélat un « épouvantable dragon qui se retire vers la mer puis revient dévorer les gens et leurs troupeaux, infestant de son haleine puante tous les lieux par lesquels il passe. » Aubert se rend aussitôt sur les grèves à la rencontre du monstre, fait le signe de la croix et jetant son étole sur le dragon lui commande de se tenir coi et de ne bouger non plus que s'il eut été mort*.

Le dragon terrassé par un dieu, un héros ou un saint est une constante des mythes sacrés de l'humanité. Horus, le Soleil, attaque le dieu serpent Seth responsable de la mort d'Osiris, et le précipite dans le monde souterrain. Indra tue le dragon à l'aide de la pierre de foudre. Le soleil aztèque Tezcalipoca tranche la tête d'un serpent et abreuve de son sang les cultures. Thor, dieu germanique du tonnerre, combat le serpent Midgard. Hercule terrasse le dragon gardien des pommes d'or des Hespérides. Bien avant d'intervenir au Mont Saint-Michel, l'Archange lui-même fut envoyé par Dieu dans la province anatolienne de Phrygie pour anéantir un dragon. Il prit la forme d'un oiseau armé d'un glaive de feu et découpa le serpent monstrueux en douze parties qu'il jeta dans la mer.

Partout et toujours, une rivalité cosmique semble opposer la divinité solaire ailée au serpent chthonien. Son enjeu ? La préservation de la vie sur cette terre. Nous sommes ici au cœur des mythes destinés à expliquer la réapparition du soleil au matin. Au cœur aussi des rites chargés de délivrer l'astre de vie retenu chaque nuit prisonnier dans un antre souterrain. Si l'on songe que les druides irlandais passaient pour détenir le pouvoir de métamorphoser en pierre

les serpents, l'on comprend qu'en ce pays de Normandie évangélisé par les moines d'outre Manche, le Mont mystérieusement issu des sables et de la mer ait paru le corps même du dragon pétrifié.

* 2e Vita de saint Aubert

La murène monstrueuse

Le musée du Mont expose le squelette d'une mâchoire de 70 cm de circonférence ; il s'agirait non pas d'une relique du dragon mais de la gueule hideuse d'une énorme murène tuée par un pêcheur à l'issue d'une lutte terrible.

Et l'Archange lui transperça le crâne

L'église Saint-Gervais d'Avranches abrite l'une des plus étonnantes reliques du monde chrétien : le crâne trépané de saint Aubert, évêque d'Avranches. La vie de celui qui, le premier, dédia le Mont à saint Michel, est racontée par le moine chroniqueur Guillaume de Saint-Pair au XIIe siècle. Cette biographie a été reprise par les auteurs du temps passé, notamment Dom Jean Huynes dans son *Histoire générale du Mont Saint-Michel* (1640). Quelle en est la part de vérité ? A vous de juger :

« L'an 704, l'évêque d'Avranches étant mort, le clergé et le peuple s'assemblèrent en l'église selon la coutume de ce temps-là pour procéder à l'élection d'un autre évêque ». Les discussions s'éternisant, comme en tout débat, l'on décida un jeûne collectif d'une semaine. « Le septième jour, ils vinrent à l'église où faisant leurs prières ils entendirent soudainement un grand éclat de tonnerre et une voix qui disait —Aubert sera votre pontife—. » Aubert fut donc intrônisé. Quatre années plus tard, il était visité en songe par l'archange Michel.

« Il y a quelque temps, m'étant mis le soir sur le lit pour prendre du repos, je vis devant moi l'archange saint Michel lequel me dit que je lui édifiasse un temple sur le mont de Tombe et qu'il voulait là être honoré et réclamé ainsi qu'il l'estoit au Mont-Gargan. M'ayant dit cela il disparut. Je m'éveillai soudain et demeurai tout pensif et, après plusieurs agitations d'esprit, je conclus que je ne devais pas croire à cette révélation. Après cela, quelques jours s'étant écoulés, le même Archange m'apparut comme auparavant, mais d'un maintien plus sévère, me disant que je lui devais obéir sans tant de délai… Je me mis à prier Dieu et commençai à jeûner et veiller plus que de coutume… Enfin hier m'étant couché j'eus beaucoup de peine à m'endormir, la pensée de ces visions précédentes me venant toujours en l'esprit. Etant enfin endormi, voici que je vis cet archange qui me reprenait très aigrement de mon incrédulité et me blâmant d'être trop tardif à croire me donna un coup de doigt sur la tête dont vous en voyez la marque. Alors tout tremblant de peur, je lui demandai à quel endroit du Mont de Tombe il désirait qu'on lui érigeât cet oratoire. Il me dit qu'il voulait que ce fut au lieu où je trouverais un taureau lié qu'un larron a dérobé naguères et caché en ce Mont. Quant à ce qui touche la grandeur de l'oratoire, il m'a dit que ce serait tout l'espace que je trouverais foulé des pieds du taureau. »

Dès le lendemain, Aubert rassemblait les habitants et se rendait en procession au Mont. Il délivra le taureau, fit détruire des vestiges païens, probablement un dolmen, et édifia un sanctuaire circulaire qu'il dédia à l'Archange le 16 octobre 708. Avec la pointe de sa crosse, Aubert grava autour de l'autel un curieux alphabet en grec et en latin, puis il regagna Avranches où il vécut encore quinze ans malgré le trou de 2,5 cm sur 2 cm qui laissait voir sa cervelle au travers du pariétal droit. Une telle longévité paraît incroyable dans ces conditions. Elle est pourtant probable car la paroi extérieure de l'os a eu le temps de sécréter un cal qui forme un bourrelet autour de l'orifice. Deux questions subsistent cependant : le crâne en notre possession appartient-il au saint évêque ? L'ouverture crânienne a-t-elle été pratiquée par le couteau de pierre d'un habile trépanateur ou par le doigt de lumière et de feu de l'Archange ?

Cette relique est exposée dans la cathédrale d'Avranches. L'on aperçoit sur le pariétal droit le trou percé par le doigt de l'Archange.

Un moine dans la salle de l'Aquilon

Les tribulations des ossements de saint Aubert

A sa demande, l'évêque Aubert fut inhumé sur le Mont Saint-Michel. Un siècle et demi plus tard, les chanoines qu'il avait établis comme gardiens du sanctuaire furent chassés sur ordre du duc Richard Ier de Normandie et remplacés par des Bénédictins. Le chanoine Bernier prétexta d'une grave maladie pour demeurer. Mais si vive était sa rancœur qu'il déroba le corps de saint Aubert et le dissimula dans sa chambre, au-dessus d'un faux plafond. Puis il mourut et la dépouille sembla perdue à jamais. « Une nuit, tous les moines étant bien endormis, il se fit un si grand tintamarre dans la trésorerie, dont tous furent éveillés et se levèrent hâtivement, pensant que ce fussent quelques larrons qui y eussent entré et en voulussent sortir les mains garnies. S'armant donc au plus tôt, ils y entrèrent pour se saisir de ces voleurs, mais n'y trouvant personne, après avoir cherché par tous les coins et recoins, ils ne savaient tous que penser ; ils s'en retournèrent coucher. » Trois jours plus tard, c'était un 18 juin, « on entendit au même endroit le même bruit beaucoup plus véhémentement que la première fois, comme si le bâtiment s'en fut allé par terre...L'abbé et ses religieux trouvèrent bon de fouiller et chercher partout. On défit deux ou trois des planches qui estoient clouées au-dessous des poutres et un moine jeta un œil. Il y avait là plusieurs coffrets ». A peine les eut-on descendu que la serrure de l'un des coffres sauta, révélant les ossements d'Aubert et surtout le fameux crâne troué.

Le tout fut déposé sur un brancard, porté processionnellement dans l'église et soigneusement lavé. Un religieux fiévreux eut l'idée de boire l'eau de rinçure du crâne. Il fut aussitôt guéri. Un autre refusa avec une moue de dégoût. Il trépassa peu après. La précieuse tête fut déposée dans un reliquaire constamment enrichi au cours des âges. Avant la Révolution, elle reposait sous un dôme d'argent doré entouré de sept statues. Le métal précieux partit à la fonte en décembre 1791 et le crâne allait être jeté lorsqu'un médecin, le docteur Guérin, eut l'idée, pour le sauver, de le réclamer comme objet d'étude ostéologique.

Deux pierres mystérieuses au sommet du Mont

Quand Aubert se rend pour la première fois au sommet du Mont, il y découvre un taureau enchaîné et deux énormes rochers pointus. L'animal est remis en liberté, mais le travail ne peut commencer tant que les mégalithes sont en place. Nul ne peut les renverser. L'évêque inspiré par l'Archange appelle alors le cadet des douze fils de Bain, un villageois d'Huynes. Il prend le gamin dans ses bras « et ayant approché son petit pied senestre contre une des roches, il l'imprima dedans comme si c'eût été cire molle et fit tomber par cet attouchement cette roche de haut en bas où on la voit encore à présent avec l'impression du pied de l'enfant ». Elle gît à la base nord-ouest du Mont et sert de socle à la petite chapelle Saint-Aubert.

Menhirs jumeaux ou pierres de support d'une table dolménique ? Le Mont était probablement consacré à un dieu, mais lequel ? On pense à Belenos, le dieu solaire gaulois, mais aussi à Mithra, dont le culte a été répandu en Gaule par les légionnaires romains. Ce dieu perse naquit au creux d'un rocher la nuit du solstice d'hiver, tel le soleil védique enfermé dans une caverne et délivré par Indra qui fendit le rocher pour que la lumière fût. Maître des vastes pâturages, il immola de son glaive lumineux un taureau pour fertiliser la terre de son sang. Au Monte Gargano, premier sanctuaire occidental de l'Archange, un taureau frappait le sol devant la grotte sacrée. Trois jours plus tard, Michel apparaissait à l'évêque du lieu et proclamait : « Il n'y aura plus de sang de taureau versé ici. » Culte solaire et présence du taureau sont deux constantes associées à saint Michel : sur le Mont Dol, entre la petite chapelle et la tour, l'on découvrit en 1802 les substructions d'un temple à Mithra et surtout deux autels tauroboliques percés de trois rangs de neuf trous rectangulaires. Des officiants y égorgeaient des taureaux pour en faire ruisseler le sang sur les fidèles à initier. Au Mont Saint-Michel, un taureau détermina l'emplacement de la future basilique* !

Plus encore qu'à Mithra, les mystérieuses pierres levées du Mont semblent les vestiges d'un temple à Lug, le Mercure gaulois, avatar d'Hermès, messager de Zeus, maître du sommeil et psychopompe des trépassés, dieu des voyageurs qui inventa les balises en tas de pierres au croisement des chemins, roi des échanges et des contrats, toujours en mouvement, insaisissable avec ses sandales ailées. Voleur et menteur de surcroît : dans la fleur de l'âge, il est né le matin même, le voilà qui dérobe le troupeau divin de son frère Apollon. Pour égarer ses poursuivants, il efface ses traces et renverse les signes, poussant les vaches à reculons. Fonctions et attributs communs ne manquent pas entre l'Archange et le dieu. Leur association fut si tôt réalisée qu'un concile tenu à Rome en 499 dut interdire les amulettes gravées au nom de saint Michel sous l'effigie de Mercure aux pieds ailés, porteur dans une main du caducée en forme de lance enlacée de deux serpents et, dans l'autre, de la balance du jugement des âmes.

L'on discute et l'on discutera longtemps les filiations ou substitutions de l'Archange aux dieux antiques, car saint Michel lui-même, souvent fort hermétique, s'est plu à brouiller les pistes : les pèlerins vénéraient au Mont l'écu et l'épée dont il s'était servi pour tuer un dragon en Irlande. Ces armes minuscules étaient celles d'un enfant, d'un enfant de l'âge d'Hermès lorsqu'il déroba les vaches solaires d'Apollon !

* On notera deux autres faits troublants :

Le taureau est souvent rapproché du dragon. Ainsi dans l'hindouisme, le dragon devient un taureau que la déesse Durga doit tuer.

Le nom de Mithra désigne l'alliance fondée sur un contrat : la fête de saint Michel était jour de signature des contrats aux foires d'automne, et l'on prêtait serment sur la relique du bras de saint Aubert.

Mercure, messager des dieux, parfois identifié à saint Michel.

Le disque en plomb de Robert de Thorigny

Sur le Plomb du Four, cette esplanade qui sert de parvis à l'église abbatiale, une pierre tombale porte ces mots : « Hic requiescit Robertus de Torigneio abbas », ici repose l'abbé Robert de Thorigny. Le 30 août 1875, l'on ouvrit le cercueil de l'illustre et tout puissant abbé, supérieur du Mont de 1154 à 1186. L'on y découvrit, près de la tête du défunt, un disque de plomb. D'un côté, une main est gravée, formant l'une des branches de la croix. En sa paume, un point marque le centre de deux cercles ; il désigne l'omphalos (nombril) du monde, un lieu sans temps ni changement, voie de passage entre les espaces souterrains, ici-bas et l'au-delà. L'alpha et l'oméga sont le commencement et la fin de l'évolution. Au revers, quatre segments de cercle entrecroisés forment le poisson mystique, symbole des eaux régénératrices du baptême.

Les passionnés d'alchimie n'ont pas manqué d'interpréter tous ces signes. Athanor du passage de l'alpha à l'oméga, du plomb de la matière à l'or de l'esprit, le Mont serait un haut lieu alchimique. Deux faits viendraient corroborer leurs dires :

Les Druidesses et le jeune homme vierge

Si l'on en croit la légende, des druidesses officiaient sur le Mont en l'honneur du dieu Belenus. Elles détenaient des flèches magiques qu'elles lançaient vers les flots pour apaiser les tempêtes. Quand ils voulaient s'attirer les faveurs de ces prêtresses, les villageois des environs leur députaient un jeune homme, beau et vierge encore. Entraîné par ces femmes au creux du rocher, dans leur antre parfumé, il accomplissait avec elles une initiation tout en mystères et volupté. Passé quelques jours, le jeune homme regagnait son village tout couvert de coquilles. Les druidesses cousaient en effet sur les vêtements de leurs amants autant de coquilles qu'elles avaient reçu d'extases amoureuses.

Le plomb de Robert de Thorigny.

L'alchimie n'était pas dédaignée dans certains monastères.

— Au scriptorium du Mont fut rédigé un manuscrit actuellement conservé à Avranches (Mss 39). Il a pour titre *Dicitur medicina Dei* et fait de Michel le gardien de la mer, de la foudre et de la rosée, le détenteur de la Pierre philosophale née de la « Montagne de Feu », base de « l'Elixir de longue vie ».

— Dans un autre ouvrage intitulé *Histoire de saint Anastase*, œuvre de Gautier, moine de l'abbaye, le Mont est qualifié de « Port d'Hercule ». Il faut savoir que pour les alchimistes, le héros grec « n'est autre que le Soleil, lequel par sa chaleur et ses rayons, en guise de flèches, extermine l'Hydre avec toutes ses têtes renaissantes, c'est-à-dire la froideur, qualité propre à l'eau dont ce serpent est né. » (Blaise de Vigenère, *Philostrate*). Les travaux d'Hercule seraient donc l'expression mythologique de l'Œuvre alchimique à l'issue duquel la « Vierge minérale » dévoile sa couronne :

« Les labeurs d'Hercule qu'on tient pour vaines fables
sont de cet art secret figures véritables.
Gérion aux trois corps, redoutable et puissant,
est le triple argent vif sol et Lune embrassant… »

(Nuysement, *Poème philosophic de la vérité de la phisique minérale*, 1600).

L'analogie Hercule-Michel s'appuierait sur le fait qu'en dorien, Mukos désigne une mer intérieure ou un port sur un golfe, et Elios est le soleil. Muk-aelios, et donc Michel, serait « le port du soleil. »

On peut rester sceptique. Pourtant, au XVIIe siècle encore, le chœur et les chapelles de l'église abbatiale étaient surnommées « Le Grand Œuvre » !

L'Ane et le Loup

Lorsque le Mont était encore en pleine forêt de Scissy, des solitaires y avaient trouvé refuge. Ils étaient ravitaillés par le curé d'Astériac, l'actuel Beauvoir, qui leur envoyait un âne chargé de nourritures dès qu'il apercevait des signaux de fumée. L'animal connaissait le chemin. Il trottinait seul. Mais voilà qu'un jour, un loup affamé se rua en furie sur le baudet qu'il dévora. Mal lui en prit. Le loup aussitôt devint vert et si docile qu'il remplaça l'âne et porta désormais les victuailles des ermites.

Ce célèbre conte a une interprétation alchimique. Astériac, c'est l'étoile qui donne sa lumière à la nuit. L'âne, monture de la Vierge portant Jésus un Noël à minuit, est le passeur nocturne de l'or solaire. Le loup devenu vert désigne l'aurore et le soleil naissant. Beauvoir tire son nom de l'illumination d'une aveugle au passage des reliques de l'archange Michel en 709. De la nuit au soleil, de l'obscurité à la lumière, le Mont Saint-Michel opère l'alchimie spirituelle du pèlerin et du visiteur.

Dans la crypte des Gros Piliers

Sur un carrelage de la crypte des Gros Piliers, vous verrez une figure géométrique qui unit le sceau de Salomon et les douze divisions du ciel. L'étoile à six branches

symbolise la conjonction des quatre éléments,

feu , eau ,

air , terre 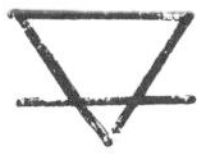.

Dans le même hexagramme, elle associe les sept métaux et les sept planètes :

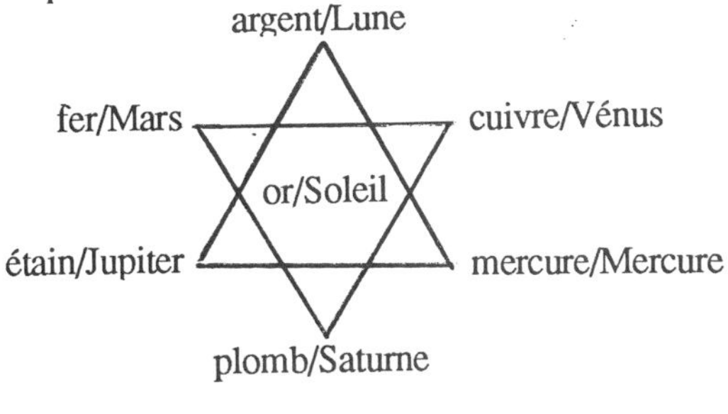

Les douze divisions du ciel désignent l'ordre de l'univers et la transcendance du sacré.

La conjugaison des deux symboles témoigne de la communion du microcosme et du macrocosme en cette crypte du levant, soutien du chevet de l'église abbatiale.

Haut lieu du mariage de la terre et du ciel, le Mont Saint-Michel est entièrement bâti suivant un projet spirituel. Depuis l'oculus central de Notre-Dame sous Terre, contre la pointe du rocher, les bâtiments se

Vue de la Merveille au début du XVIIIe siècle.

La Vierge Noire dans la crypte des Gros-Piliers.

déroulent suivant une spirale qui va s'élargissant jusqu'à la grève*. Un tel dessin en coquille exprime la renaissance, le passage de la mort à la vie.

Au long de cette volute, les sanctuaires sont bâtis suivant une orientation soigneusement calculée. L'axe de l'église abbatiale, comme celui de Notre-Dame de Paris, est incliné de 26° par rapport à l'ouest géographique, suivant une ligne qui va d'Avranches au Mont Dol. Ainsi, le 8 mai, fête de la Saint-Michel de printemps, le soleil qui se lève vers Avranches, illumine le Mont dans l'axe des « Gros Piliers », de Notre-Dame sous Terre et de la nef. L'axe du chœur de l'église Saint-Pierre est beaucoup moins incliné sur le parallèle. Il correspond au lever du soleil le 29 septembre, principale fête de saint Michel.

Plus curieuses encore, les études de géographie sacrée du Mont sont aussi plus controversées**. Elles établissent des relations mystérieuses entre des sites fort éloignés. Sur une carte en projection de Mercator, le Mont Saint-Michel se trouverait dans un alignement remarquable : du Mont Carmel en Israël, qui fut le rocher du prophète Elie, une ligne terrestre passerait par Délos, dédiée à Apollon, Delphes, siège d'un oracle de la Terre et temple d'Apollon qui y tua le serpent Python, Corfou, île d'Artémis, soeur d'Apollon, le Monte Gargano en Italie, premier sanctuaire euro-

La Vierge noire au Mont

Sous le parvis occidental de l'église, adossée à la pointe du rocher, la chapelle carolingienne Notre-Dame sous Terre est le coeur mystérieux des bâtiments édifiés par la suite autour et au-dessus d'elle. Elle abritait une Vierge noire qui fut transférée au XVIIe siècle dans la crypte des Gros Piliers, à l'opposé vers l'est. Elle disparut sous la Révolution. De crypte en crypte, la Vierge noire, couleur de la régénération, annoncerait la Vierge blanche, mère immaculée, qui trône sur les autels des choeurs et des chapelles.

Carte en projection de Mercator.

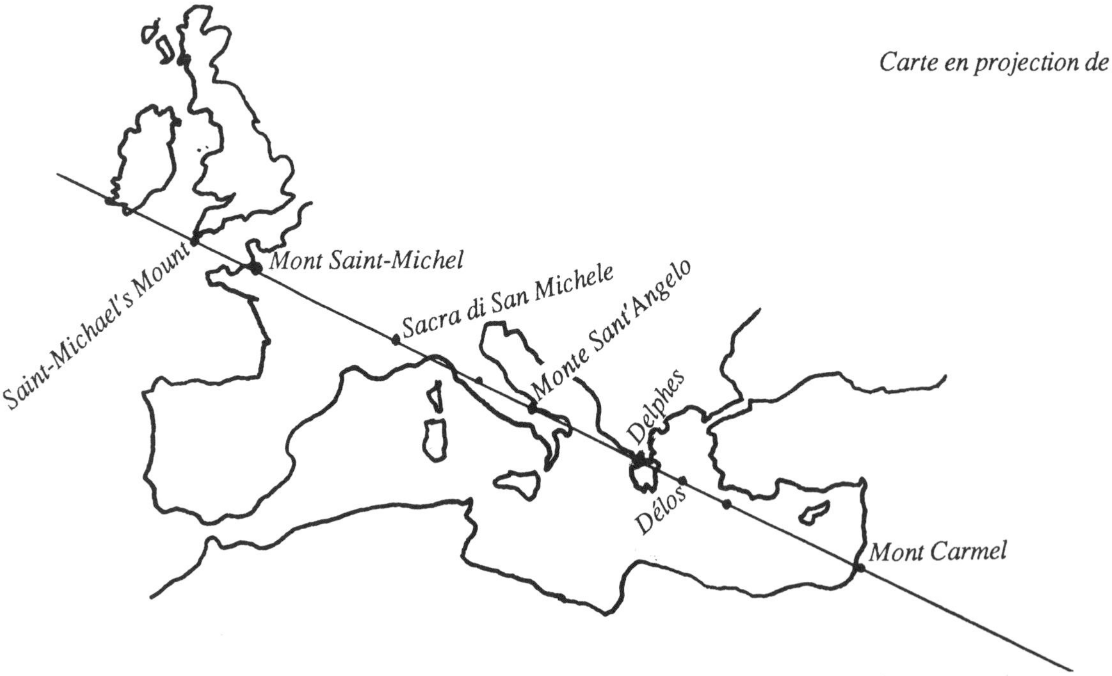

péen de l'Archange, la Sacra di San Michele en Piémont, célèbre monastère bénédictin à 1 000 mètres d'altitude, le Mont Saint-Michel de Normandie, Saint Mickael's Mount, une pyramide rocheuse surmontée d'une église à la pointe de Cornouailles, et le Skellig Michael, un ilôt au sud-ouest de l'Irlande. Cet axe orienté SE-NW correspondrait à l'axe zodiacal Vierge-Poissons ! Vous l'aurez compris, le conditionnel s'impose…

* Voir *La Construction du Mont Saint-Michel*, dans la même collection.
** Cf. Jean Richer, *Géographie sacrée du monde grec*, Hachette, 1967.
Lucien Richer, *L' Axe de Saint-Michel et d'Apollon*, Atlantis n° 293 - mai 1977.

Tiphaine Raguenel, dame Du Guesclin, astrologue au Mont

Fille de Robin Raguenel, vicomte de La Bellière, un des héros du combat des Trente, et de Jeanne de Dinan, Tiphaine a une passion : l'astrologie. Elève d'Yves Derian, directeur de l'école d'astrologie de Dinan, elle prédit en 1357 la victoire de Bertrand Du Guesclin dans le tournoi qui l'oppose à Thomas de Canterbury. Six années plus tard, elle épouse le chevalier breton devenu gouverneur de Pontorson et capitaine souverain du duché de Normandie. Tiphaine a 40 ans, Bertrand 43. Huit jours après le mariage, la jeune femme érudite prévient son mari : « Mon seigneur, je vous en prie, il faut toujours croire mon conseil ou bien vous ferez folie…Tant que vous ferez ce que je vous dis, vous ne serez pas vaincu et vos gens ne seront pas déconfits. » Six mois plus tard, le 16 mai 1364, Bertrand remporte la victoire de Cocherel et reçoit le duché de Longueville. Il deviendra capitaine des Grandes Compagnies, roi de Grenade, connétable de France. Brillante carrière annoncée dès l'enfance par une nonne voyante, confirmée par Tiphaine mais aussi par Yves de Saint-Brandin et Jacques de Saint-André, chanoine de Tournai, les deux astrologues de Du Guesclin. En septembre 1365, ce dernier s'apprête à conduire en Espagne les compagnies de routiers. Tiphaine Raguenel s'établit au Mont Saint-Michel, dans une maison en contrebas de la chapelle Sainte-Catherine. Elle y meurt huit ans plus tard.

Pourquoi le choix du Mont ? Une légende prétend qu'elle aurait voulu se rapprocher d'un esprit satanique et extralucide, le Gobelin, qui résidait sur le rocher, dans une citerne « entre les arcades et la rue ». Cette histoire de korrigan n'a sans doute

Armes d'Avranches.

pour origine que le souci d'expliquer un « trou du Gobelin » bouché en 1840 par l'abbé Lecourt. En revanche, il est incontestable que la dame Du Guesclin s'est livrée aux prédictions, scrutant les étoiles, dressant des éphémérides avec les jours fastes et néfastes de son mari. Mais cette activité n'avait rien de sulfureux. Au temps de Charles V le Sage, l'astrologie était cultivée partout, à l'université, à la cour comme dans les monastères. Le Scriptorium du Mont Saint-Michel lui-même a produit de nombreux manuscrits astrologiques dont certains sont conservés dans les collections de la bibliothèque d'Avranches. L'un d'eux, composé au début du XIe siècle, étudie la « puissance de la Lune » et le Zodiaque (Mss 236, Mont Saint-Michel 196). Tiphaine voulait sans doute consulter ces ouvrages.

Elle se délecta peut-être aux interprétations astrologiques qui voyaient dans le Mont un extraordinaire miroir astral. Michel est représenté avec une balance dans laquelle il pèse les âmes des trépassés. Or, il est fêté le 29 septembre, sous le signe zodiacal de la Balance, signe d'air qui unit la terre et le ciel. L'Archange porte la lance ou l'épée flamboyante des guerriers. Le signe complémentaire de la Balance est le Bélier, consacré à Mars et à la guerre. Ainsi, en analogie avec l'accouplement mythologique du dieu Mars et de Vénus, qui siège en Balance, Michel unirait les deux signes, l'air et le feu.

Vénus est issue de l'écume dans une coquille dite « de Vénus », qui n'est autre que la coquille Saint-Jacques, emblème des pèlerins du Mont. Elle a son domicile nocturne en taureau. Saint Michel est aussi fêté le 8 mai, sous le signe du Taureau, identifié, nous l'avons vu, au dragon qu'il terrasse. Placée au milieu du ciel boréal, la constellation du Dragon, riche de 80 étoiles, est en position remarquable par rapport à la lune. La tête et la queue du dragon sont les deux points où l'orbite de l'astre nocturne coupe le plan de l'écliptique. La lune est alors en conjonction ou en opposition avec le soleil, ce qui provoque les éclipses et influe au maximum sur l'ampleur des marées, si fortes déjà dans la baie.

Entrée de la maison de Tiphaine Raguenel.

Tiphaine Raguenel a-t-elle su cela ou simplement voulut-elle jouir d'un horizon totalement dégagé en cet exceptionnel observatoire naturel ?

Saint Michel et Jeanne la Pucelle

Jeanne d'Arc n'est jamais venue au Mont Saint-Michel. Pourtant, son épopée suscitée et constamment soutenue par l'Archange, croise mystérieusement l'histoire du Mont dans la guerre de Cent Ans.

Avec Vaucouleurs, Orléans et Tournai, l'îlot fortifié de la baie est la seule place du nord de la Loire à soutenir le Dauphin. Face aux Anglais qui combattent sous la bannière de saint Georges, Charles se place sous la protection de saint Michel dès 1419. L'année suivante, l'Archange apparaît à Jeanne, âgée de 13 ans : « Je suis Michel, protecteur de la France. Lève-toi et va au secours du roi de France. » Pendant ce temps, l'Abbaye est assiégée. Robert Jolivet, abbé du Mont depuis 1417, croit la défaite certaine et gagne le camp ennemi. Quelques années plus tard, il résidera à Rouen où il assistera au procès de Jeanne.

Le Mont résiste. Pour régler les frais du siège, le roi d'Angleterre fait lever des décimes sur le clergé normand. Il confie cette charge à l'évêque de Beauvais, Pierre Cauchon, qui enverra la Pucelle au bûcher où elle criera par deux fois « Saint Michel, saint Michel ».

Le 8 mai 1429, fête de la Saint-Michel de printemps, Jeanne délivre Orléans. Pendant ce temps, le Mont tient toujours, sous la conduite du capitaine Louis d'Estouteville et de ses 119 chevaliers. Le 17 juin 1434, la dernière attaque anglaise est repoussée. Deux bombardes sont prises à l'ennemi. Le 7 juillet 1456, le cardinal Guillaume d'Estouteville, abbé du Mont Saint-Michel et frère du capitaine, obtient la réhabilitation de Jeanne d'Arc. La sentence d'annulation du procès est affichée dans toutes les paroisses du royaume.

Apparition de l'Archange à Jeanne d'Arc.

L'Abbaye aux trois cents reliques

Imaginez la nef et les chapelles de l'église abbatiale emplies d'un bruissement de curiosité et de ferveur sacrée, des centaines de fidèles qui avancent à genoux jusqu'au transept et au chœur. L'émotion est extrême car les pèlerins vont côtoyer des objets au pouvoir mystérieux, les reliques. Seules Rome, Byzance et Jérusalem peuvent rivaliser avec le Mont, exposer autant de souvenirs du Christ, de la Vierge et des saints.

Un fragment du berceau de Jésus, une parcelle de la table de la Cène, une larme du Christ dans une fiole de verre, un morceau de la colonne de la flagellation, deux épines de la couronne, une parcelle de la vraie croix, l'éponge qui humecta le front du Sauveur, un peu du baume avec lequel fut oint le corps du Crucifié, une pierre du sépulcre.

Un chanteau du voile de la Vierge Marie, quelques-uns de ses cheveux, une fiole de son lait, son mouchoir, ses chaussures, un fragment de sa chaise et un éclat de la pierre qui lui servit de siège lorsqu'elle vint au Temple avec son Fils le jour de la Purification.

Un morceau du bois de l'arbre défendu dont Adam mangea le fruit, la verge de Moïse, une dent, un doigt et des cheveux de saint Jean-Baptiste, la moitié du cœur de saint Etienne et une pierre de sa lapidation, le bras de saint Laurent et des charbons sur lesquels il fut « grillé », les bras de sainte Agnès et de sainte Agathe, le chef de sainte Suzanne, la chasuble, l'étole et le linceul de saint Denis, un doigt de saint Pair, le corps d'une des onze mille vierges, une partie de l'estomac de saint Agapit, martyr à 15 ans, une dent de saint Nicolas, un os du bras de saint Eustache, la tête de saint Innocent, l'étole de saint Eloi tissée d'or et de perles par l'orfèvre lui-même, des cheveux de saint François et de saint Médard, une côte de saint Yves et les esquilles d'os de nombreux saints, Pierre et Paul, Cosme et Damien, Constance, Saturnin, Hilaire, Véran, Lô, Vigor de Bayeux, Cassien, Olaf, Malo, Ouen,

Des pèlerins portant leur bourdon.

Samson de Dol, Sulpice de Bourges, Martin de Tours (un os de 8 cm de long)... Trois cents souvenirs sacrés, objets de vénération qui passaient pour effacer les péchés, guérir les maladies, opérer des miracles.

Les reliquaires les plus précieux, qui attiraient par milliers les pèlerins d'Europe entière, étaient consacrés à saint Aubert* et surtout à l'Archange. Dès 709, les émissaires de l'évêque Aubert étaient revenus du Mont Gargan avec un morceau du marbre sur lequel Michel avait posé le pied, et une parcelle du voile rouge laissé par l'Archange. Au Moyen Age, le marbre était contenu dans un petit livre d'argent doré, le voile du paradis était enchâssé dans un cœur de cristal tenu par un angelot d'argent doré.

L'on vénérait aussi les deux armes de l' Archange, l'épée et l'écu minuscules dont il s'était servi pour tuer un dragon monstrueux qui désolait l'Irlande. Le souffle de cette bête maudite empoisonnait les eaux, flétrissait les plantes, asphyxiait les animaux. Pour se débarrasser du fléau, les habitants des environs implorèrent le ciel et se dirigèrent en procession vers le repaire du monstre. Ils découvrirent le dragon étendu sans vie à l'entrée de sa caverne. Près de la dépouille, une épée et un bouclier d'enfant. L' Archange parut. Il affirma que cette victoire était son ouvrage et demanda que ses armes fussent déposées au Mont consacré en son honneur. Les villageois, qui ignoraient l'existence du Mont de Normandie, partirent pour l'Italie et le Mont Gargan. Mais ils ne purent traverser la Normandie. Chaque nuit, une force mystérieuse les ramenait au point d'où ils étaient partis la veille. Michel enfin, dans une vision, leur révéla que le lieu choisi était le Mont Tombe, où il avait désormais sa demeure. L'écu et l'épée furent déposés en l'église abbatiale. Ils sont décrits en 1788 par le Père Feuardent : « Ces armes ne sont pas propres aux combats humains, d'autant qu'elles sont petites et de matière d'airain ; l'écu est en forme ovale, garni de petites croix aux quatre parties, l'épée a la forme d'une petite dague ou poignard. » Etrange, en vérité : L'écu et l'épée de bronze font penser aux armes que l'on déposait dans certaines sépultures à l'époque de la Tène, vers le IVe siècle av. J.-C. Hélas, aucune certitude historique n'est plus possible. Toutes les reliques, hormis le crâne de saint Aubert, ont été dispersées en décembre 1791 pour récupérer l'or et l'argent des reliquaires. Peut-être aujourd'hui, en quelque ferme de Normandie ou de Bretagne, un enfant joue-t-il avec des armes de bronze ciselées et cloutées !

* Pour les reliques de saint Aubert, voyez les deux chapitres qui leur sont consacrés plus haut.

Des figures de feu dans l'église

Le Mont Saint-Michel est un haut lieu de miracles. Dès 708, sous la conduite de l'Archange, l'évêque Aubert fait surgir de la pointe de sa crosse une source d'eau vive, indispensable pour la survie des chanoines sur l'îlôt. La source a la vertu de soulager les fièvres. Au passage des émissaires revenus d'Italie avec les reliques de la cape et du marbre, une aveugle d'Astériac recouvre la vue. Elle s'écrie « Qu'il fait beau voir ! » et le village d'Astériac prend le nom de Beauvoir (voyez « L'Ane et le loup »).

Très tôt, les pèlerins emportent en souvenir des pierres du rocher. Pour les en dissuader, les moines racontent aux visiteurs l'histoire de l'Italien qui rentre chez lui avec un caillou du Mont. Il devient infirme. Deux ans plus tard, il fait le vœu de restituer la pierre s'il recouvre la santé. Il se retrouve aussitôt sur pied et peut réaliser son vœu.

Il semble que malgré les interdits, l'incubation ait longtemps été pratiquée au Mont. Les malades passaient une ou plusieurs nuits enfermés dans l'église, couchés à même le sol. Il y fallait bien du courage, ou du désespoir, car souvent vers la minuit le sanctuaire s'illuminait d'une lueur intense, la « clarté de saint Michel », et vibrait des chants des anges. C'était l'Archange qui visitait son sanctuaire. En 1050 et en 1263, les religieux entendent les séraphins entonner le Kyrie Eleison pendant que des figures de feu tournent autour de l'autel. Le vendredi 3 novembre 1452, vers 9 heures du soir, alors que le temps est serein, le tonnerre claque, une averse de grêle s'abat et une flamme ardente s'enroule en vrille autour du clocher. L'ensemble du monastère s'en trouve éclairé. Le phénomène s'achève une demi-heure plus tard sur un coup de tonnerre plus fort que tous les autres.

Un soir, un jeune homme un peu curieux entre dans l'église et se dissimule dans un coin pour apercevoir la fameuse clarté. A minuit, il a certaines visions qui le frappent d'une telle frayeur qu'il en tombe tétanisé. Il se traîne à grand peine jusqu'au porche. Hébété, il reste trois jours à pleurer puis meurt.

Nul non plus ne devait voir le marbre et le drap rouge de l'Archange. Mais un chanoine nouveau venu, « excité par la légèreté de son jeune esprit, jeûna trois jours consécutifs et, au quatrième, ayant lavé son corps, il prit entre ses mains la châsse, il se mit en devoir de retirer le couvercle avec un couteau mais il se vit incontinent privé de la vue, de l'ouïe et de la parole. Il pleura sa folle curiosité, mais trop tard, car le mal s'engrégeant, il rendit l'esprit. » (Dom Jean Huynes)

Une procession quitte l'Abbaye.

Les petits gueux vont au Mont Saint-Michel et les grands à Saint-Jacques

Suivez les fortifications depuis la tour du Roy jusqu'à la tour Nord et regardez les grèves. Imaginez les chapelets de pèlerins par milliers, bannières en tête, qui venaient autrefois à travers sables de Beauvoir au sud ou de Genêts au nord-est, vêtus de la traditionnelle pèlerine, ou besacine, couverts d'un chapeau à larges bords pour le soleil ou la pluie, portant besace et calebasse, armés du bourdon pour soutenir le pas et

Plomb de pèlerinage.

chasser d'éventuels agresseurs. Ces Michelets avaient souvent parcouru des centaines de kilomètres sur les « chemins de Paradis », celui des Anglais par Cherbourg, des Allemands par Rouen, des Français depuis Paris, des Bourguignons par Alençon, de Rome par Tours, des Bretons et des Aquitains par Rennes ou par Dinan. Des étapes, les sauvetées, jalonnaient ces voies pèlerines, des léproseries retenaient les malades à l'entour de la baie. La montée accomplie au sommet du rocher, chacun s'en retournait, arborant une coquille ou la médaille de plomb à l'effigie de saint Michel.

Songez que des rois sont venus ici, depuis Childebert III en 710 jusqu'à Charles IX en 1561. Il y eut notamment Louis VII et Henri II Plantagenêt, saint Louis par deux fois en 1256 et 1264, Philippe III le Hardi qui voulait remercier l'Archange de l'avoir préservé de la peste à Tunis en 1270, Philippe le Bel, Louis X le Hutin en 1315, Charles VI, Louis XI en 1462, 1472 et 1473, François Ier en 1518 et 1532. Chaque fois, la rue principale était somptueusement pavoisée. Le père-abbé en personne accueillait le souverain à l'entrée de la ville.

Peu importaient les guerres ou les caprices du climat. Les gens voulaient rendre visite à Monseigneur saint Michel en sa demeure du Mont. Il y eut tant de monde en 1318 que treize fidèles périrent étouffés par la foule qui se pressait dans le sanctuaire, dix-huit autres furent emportés par la marée, douze disparurent happés par les sables mouvants. Dans la seule année 1368, seize mille neuf cents Michelets font étape à l'hôpital de la confrérie de Saint-Jacques à Paris. Des communautés villageoises au complet se déplacent. Un jour de 1646, les femmes de Beaugé en Anjou franchissent les grèves sous la conduite d'une matrone portant bannière et chapelet. Leurs dévotions faites, elles s'en retournent et croisent un groupe de cent vingt hommes. Leurs maris.

Mais si vous aviez vécu au Moyen Age, vous auriez été témoin d'un phénomène incroyable et mystérieux, sans équivalent pour aucun des grands sanctuaires chrétiens : des ribambelles d'enfants en d'interminables processions traversaient la baie pour vénérer l'Archange. On les vit pour la première fois en 1333. La guerre de Cent Ans se préparait. Saura-t-on jamais pourquoi trente mille gamins, dont certains n'avaient pas neuf ans, se mirent en route ? Les uns disaient que c'était la volonté de Dieu, une force irrépressible, d'autres que des voix leur

Les Miquelots vus par Gustave Doré. (en page de droite)

avaient ordonné ce voyage. Ils avaient tout quitté du jour au lendemain, parfois sans un mot aux parents, formant des bandes qui s'augmentaient de village en village. Malheur aux adultes qui prétendaient les arrêter. La femme de Richard Hugier, de Porterie près de Bayeux, veut retenir sa fille. Elle perd la parole et son visage devient noirâtre. Tout rentre dans l'ordre aussitôt l'autorisation donnée. Nicolas Le Pellier, un enfant de neuf ans, veut suivre les Pastoureaux qui traversent Liège en Belgique. Son père lui conseille d'attendre un an ou deux. Mais le gamin ne veut rien entendre. Le voilà qui rallie trois pèlerins de son âge. Le père, transporté de colère, rattrape son fils préféré, le tire par les cheveux, le gifle mais s'écroule aussitôt, raide mort.

Le Mont attire bientôt des enfants de toute la France et même d'Allemagne et de Suisse. En 1393, des enfants de onze à quinze ans se rassemblent à Montpellier. En 1421, le roi laisse partir ses « galopins de cuisine » et leur donne seize sous à chacun. Le 17 juillet 1441, des adolescents de Millau se rendent au Mont. Ils en reviennent le 27 août. L'année suivante, la municipalité de Villefranche-de-Rouergue délègue ses enfants au sanctuaire dans l'espoir de faire cesser une épidé-

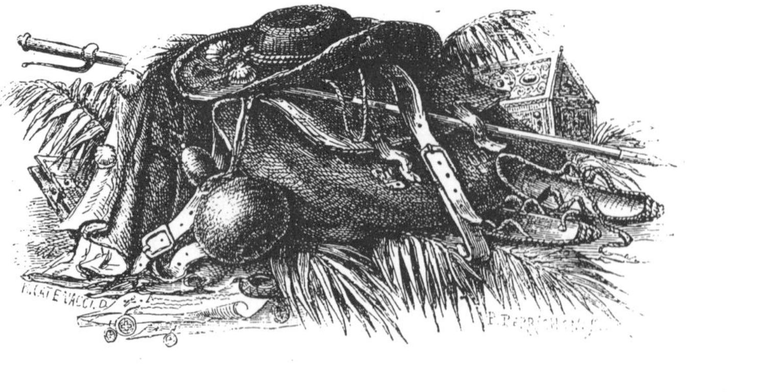

Jonnard

Entrée de Jeanne d'Arc dans Orléans un 8 mai 1429, fête de la Saint-Michel de printemps.

mie. Le dominicain Pierre Herp signale en juillet 1450 le départ de mille cent enfants allemands. La Chronique de Cologne raconte qu'en 1455, « il y eut un grand pèlerinage au Mont Saint-Michel en Normandie, pèlerinage dont la durée fut d'environ deux ans et qui était formé de petits enfants de huit, neuf, dix et douze ans, venant de tous les pays, villes, villages d'Allemagne, de Belgique et d'autres contrées. Ils se réunissaient en grandes troupes, abandonnant pères et mères ; le cortège était précédé d'étendards avec des effigies de saint Michel... Ces enfants se portaient bien car tout le long de la route, on leur donnait à boire et à manger. A leur arrivée au Mont Saint-Michel, ils offraient leurs étendards à l'Archange. »

Les plus grandes migrations enfantines ont eu lieu en 1333, 1369, 1393, 1421, 1441, 1450 et 1457, mais il y eut encore des Pastoureaux au XVIIIe siècle et les pèlerinages actuels des scouts au Mont Saint-Michel semblent perpétuer cette mystérieuse fascination des enfants pour l'Archange.

Des indulgences pour les pèlerins

— 7 ans et 40 jours si vous venez à l'une des fêtes de saint Michel, le 8 mai, le 29 septembre et le 16 octobre.

— 140 jours si vous visitez le Mont aux grandes fêtes chrétiennes.

La loi du silence et le langage par signes

Un abbé en voyage.

Les Bénédictins vivaient dans la Merveille au rythme des offices : prime au lever du soleil, tierce, midi, none en début d'après-midi, vêpres le soir, complies, matines la nuit, laudes à l'aube. L'année était scandée par les fêtes de l'Archange et les grandes solennités chrétiennes. A Pâques notamment, les moines représentaient la Passion. Un religieux vêtu d'une robe tâchée de sang portait la croix. D'autres jouaient le rôle des anges et des Saintes Femmes.

La Règle de saint Benoît était adaptée aux difficultés de la vie sur le Mont : vin d'Anjou ou de Gascogne aux repas, bottes fourrées et vêtements neufs chaque année, retraites dans des prieurés dépendant de l'Abbaye sur le continent. Mais la discipline du silence ne donnait lieu à aucune dérogation. Pour suppléer à la parole, un règlement de 1340 institua un langage par signes. Vous demandez du sel ou de la moutarde ; tournez la main fermée en rond comme pour remuer une sauce. Pour appeler quelqu'un en bout de table, levez l'auriculaire de la main gauche. Si vous vous adressez à celui qui précède, levez l'annulaire, et ainsi de suite jusqu'au pouce. En cas de besoin, passez à la main droite. Vous demanderez un livre en faisant le geste de tourner les feuillets. Pour obtenir du feu, soufflez sur vos doigts. Et si l'envie vous prend d'aller aux toilettes, demandez-en permission en allant devant le Maître d'Ordre et en agitant avec deux doigts le devant de votre froc.

De curieux abbés

Le concordat de Bologne conclu en 1516 entre François Ier et le pape Léon X permettait au souverain de nommer les abbés et les évêques. Avec ses prieurés, ses terres et ses villages sur toute la côte entre Coutances et Saint-Malo, ses maisons à Rouen, Le Mans, Angers, Paris..., l'abbaye du Mont Saint-Michel était un bénéfice couru des favoris royaux. Ces nouveaux abbés, dits commendataires, demeuraient à la cour et percevaient les revenus des domaines.

En 1615, Louis XIII désigne Henry de Lorraine à la tête du Mont. Le fils du duc de Guise est âgé de un an et quatre mois. Le 26 mars 1703, Louis XIV nomme un seigneur allemand, Jean-Frédéric Karg, baron de Bebenburg, pour le remercier de son soutien à la France. A la veille de la Révolution, le dernier abbé commendataire est le cardinal de Montmorency-Laval. Hasard ? Une autre Montmorency-Laval dirige à la même époque l'abbaye de femmes de Montmartre, l'antique Mont Mercure de Lutèce.

Vision satirique d'un moine du Mont qui fait ripaille au dessus du cachot d'un "exilé".

Les chevaliers de Saint-Michel

La salle des Chevaliers.

Les Anglais ont saint Georges pour patron, les Bourguignons sont sous la protection de saint André, les Français font leur unité pendant la guerre de Cent Ans sous la bannière de saint Michel. Face au prestigieux ordre de la Toison d'Or fondé en 1430 par Philippe le Bon, père de Charles le Téméraire, Louis XI crée l'ordre de Saint-Michel réservé à l'élite chevaleresque et accorde à l'Abbaye le droit d'ajouter trois fleurs de lys à son blason. Ces armoiries sont sculptées derrière la façade XVIIIe siècle de l'église. Elles sont « d'argent à dix coquilles de sable, au chef cousu d'azur chargé de trois fleurs de lys d'or, et pour cimier une crosse et une mitre d'argent. »

L'édit de fondation de l'Ordre est promulgué le 1er août 1469 : « Par la très singulière confiance et dévotion que nous avons à Monsieur saint Michel, premier chevalier, qui pour la querelle de Dieu victorieusement batailla, et son lieu et oratoire a toujours gardé et défendu sans être pris ni subjugué des anciens ennemis de la Couronne de France et sous le nom et titre duquel est par nous ce présent ordre fondé et institué, nous avons ordonné que tous divins services, bienfaits et fondations que entendons faire et qui se feront tant par nous que par nos successeurs souverains de l'ordre et les frères et chevaliers d'icelui, se feront et célèbreront au lieu et église du dit Mont Saint-Michel... » Pourtant, jamais semble-t-il, les Chevaliers ne se sont réunis au Mont. Ils préféraient tenir leur chapître en la chapelle Saint-Michel du palais de Paris. L'Ordre fut aboli en 1830 pour laisser place à la Légion d'Honneur.

Le marquis de Tombelaine

A la fin du siècle dernier, tout le monde connaissait la silhouette et la tête hirsute de Jean Gauthier surnommé le marquis de Tombelaine parce qu'il avait sa cabane sur l' îlot. Il vivait de la pêche et de la conduite des touristes à travers les grèves qu'il connaissait mieux que personne. Pourtant, le 3 avril 1892, il se fit surprendre par une marée plus rapide qu'à l'habitude.

Le marquis de Tombelaine.

Le feu au Mont

Juchée sur sa pyramide de feu, dédiée à l'ange de feu, l'Abbaye a beaucoup souffert de la foudre et des incendies. Dès 992, le feu prend dans une maison du village et s'étend à tous les bâtiments du Mont. Les religieux ne peuvent sauver que les objets précieux et les reliques. Début septembre 1001, une comète apparaît. On pense qu'elle annonce une catastrophe. Le 29 septembre, jour de la Saint-Michel, une colonne de feu embrase l'église. En 1112, la foudre s'abat sur le monastère. En 1138, les habitants d'Avranches incendient l'abbaye à la suite d'un différend avec les moines. En 1204, les Bretons, alliés des Français, mettent le feu au village resté fidèle à Jean sans Terre. Les flammes atteignent l'abbaye dont une grande partie est détruite.

A chaque fois l'on reconstruit, l'on embellit. Mais la foudre tombe de nouveau, en 1300, en 1350, en 1374. En 1433, un incendie réduit le village en cendres mais épargne les édifices sacrés. La foudre détruit la tour centrale de l'église abbatiale en 1500, ravage la flèche et la charpente du chœur de l'église en 1594, embrase la charpente du clocher en 1776. Dans la nuit du 22 au 23 octobre 1834, l'église abbatiale transformée en dépôt de paille et en atelier de chapeaux se met à flamber. L'incendie se répand, formidable. On aperçoit les flammes à soixante dix kilomètres en mer. Les toitures sont réduites en cendres, les murs se lézardent partout. Il faut étayer, consolider, enfin restaurer.

Les moines avaient pourtant pris une extraordinaire précaution. La croix qui surmontait la tour de l'église renfermait des reliques protectrices contre la foudre, notamment des cheveux de sainte Marie-Madeleine. A la fin du XIXe siècle, l'architecte Petitgrand fit élever la flèche que nous voyons aujourd'hui. Elle est surmontée d'un archange, œuvre de Frémiet, dont les ailes et l'épée sont des paratonnerres ! En 1982, un orage plus violent que les autres brisa à moitié l'épée. Il fallut déposer la statue et la restaurer entièrement en 1987.

Une citadelle sacrée

De la tour Gabriel à l'ouest, au Grand Degré de deux cents marches entre l'église et les logis abbatiaux, le Mont présente une extraordinaire ligne de remparts imprenables flanqués de tours. D'ouest en est : l'énorme tour Gabriel, de 1524, sur laquelle on jucha au XVIIe siècle un moulin à vent ! La tour des Fanils protège le magasin de ravitaillement. La barbacane, la tour du Roy et la tour de l'Arcade contrôlent l'entrée de la ville. La tour de la Liberté, la tour Basse, le Bastion et la tour Boucle protègent le flanc sud-est. Construite par Louis d'Estouteville, la tour Boucle forme un éperon couronné d'une échauguette. Elle tire son nom d'anneaux de fer scellés dans ses murs, auxquels venaient s'amarrer les barques. La tour du Nord, la tour Claudine et le Châtelet surveillent le côté nord et l'entrée de l'abbaye. Toutes ces tours à l'origine étaient couvertes de toits coniques. Ils ont fait place à des terrasses pour permettre l'installation de batteries à découvert.

Exils, geôles et cachots : la Bastille des mers

En 1472, Louis XI visite le Mont. Il a tôt fait de jauger la qualité des fortifications et le redoutable isolement de l'abbaye. Sa décision est prise. Il fait installer dans un sombre cachot une cage de bois consolidée de ferrures, d'environ 2,50 m sur 2 mètres de côté, suspendue à un anneau pour osciller au moindre mouvement du condamné*. Madame de Genlis raconte dans ses Mémoires (1777), que « pour y arriver, on était obligé de traverser des souterrains si obscurs qu'il y fallait des flambeaux ; et après avoir descendu beaucoup d'escaliers on parvenait à une affreuse cave où était l'abominable cage. J'y entrai avec un sentiment d'horreur. »

En 1535, le théologien Noël Béda y est enfermé sur ordre de François Ier dont il a critiqué la politique. Chavigny de la Bretonnière y reste treize ans, de 1685 à 1698, pour avoir écrit « Le Cochon mitré », un violent pamphlet contre l'évêque de Reims, frère du tout-puissant Louvois. Il devient fou. Victor de la Cassagne compose des libelles sous le pseudonyme de Dubourg. Il est conduit au Mont et reclus dans la cage en août 1745. Il s'y laisse mourir de faim un an plus tard. On a prétendu à tort qu'il avait été dévoré vivant par les rats. Esprit Desforges reste en cage trois ans, de 1750 à 1753, pour un libelle jugé diffamatoire. Il est libéré pour bonne conduite ! D'autres prisonniers échappent à la sinistre cage. Le patriarche des Arméniens, Avedick dit aussi Vertabied, est enlevé à Constantinople sur ordre de Louis XIV et enfermé dans la tour Perrine du 10 novembre 1706 à décembre 1709, date de son transfert à la Bastille. Certains ont vu en lui le fameux Masque de fer.

Entre 1666 et la Révolution, 153 personnes passent dans les cellules du Mont, souvent « exilés » à la demande de leurs familles qui paient une pension, entre 600 et 1 200 livres, somme assez importante. Les cachots se trouvent sous le parvis occidental de l'église, près du grand couloir nord-sud. Des cellules plus « agréables » sont aménagées dans les bâtiments du flanc sud.

Si l'on en croit les moines, les prisonniers sont bien traités : une demi-livre de pain blanc, du beurre, du fromage et une pinte de cidre au petit-déjeuner ; au déjeuner, une soupe, une entrée, une livre de viande, une assiette de desserts et

Reconstitution de la cage de fer du Mont Saint-Michel.

une pinte de cidre ou une demi-bouteille de bordeaux ; au dîner, un potage, un morceau de viande, une salade ou des légumes cuits, un dessert et du vin. Une fois par semaine, la viande rouge est remplacée par un poulet, un lapin ou du gibier. Le vendredi, poisson de mer ou de rivière. Les détenus descendent au village un jour la semaine en compagnie d'un religieux. Le reste du temps, ils peuvent se réunir les uns chez les autres. La nuit, ils dorment sur des paillasses composées de deux matelas, un traversin, deux couvertures l'hiver et une l'été. Il est vrai qu'on les déshabille pour les empêcher de s'évader la nuit.

La version des captifs est moins optimiste. L'*Histoire critique du Mont Saint-Michel*, poème anonyme composé en 1753, décrit la condition des reclus :

« Sans bas, sans bonnets, sans chapeau, sans culotte,
sans souliers, sans habits, enfin sans redingotte,
ils seraient en tout temps et le jour et la nuit
pour n'être point couverts, retenus en leur lit.
Mais quoi, que dis-je, un lit ! Non, sur une paillasse
sans draps, ni matelas, sans tour ni bonne grâce,
sur un simple grabat assis sur le pavé,
exposés aux fraîcheurs et à l'humidité.
…
Pour six ou sept cents francs
de pension payée aux moines tous les ans,
d'aussi bons prisonniers meurent pourtant de faim. »

En 1789, les dix détenus présents sont libérés dans l'enthousiasme. L'îlôt devient « Mont libre ». Peu de temps après, plusieurs dizaines de prêtres réfractaires y sont enfermés. En 1811, Napoléon transforme l'abbaye en prison permanente. Deux cents prisonniers s'y entassent. Ils sont huit cents dès 1818. La nef romane est divisée en deux dans le sens de la hauteur pour y installer des dortoirs, des salles de la Merveille et les chapelles sont transformées en ateliers, les carrelages en terre cuite du Moyen Age sont arrachés sur ordre de l'administration pénitentiaire et jetés pour éviter qu'ils ne servent de projectiles en cas de mutinerie. Dans le vieil ossuaire à l'angle sud-ouest de l'abbaye, le directeur fait installer une grande roue monte-charge dans laquelle marchent des bagnards qui la font ainsi tourner pour hisser le ravitaillement au long d'un plan incliné, le poulain.

Mathurin Bruno, prétendu Louis XVII, y séjourne pour injure à magistrat. Pour raisons politiques, Barbès y croupit dans un obscur cachot trois ans et six mois, de 1839 à 1843. Blanqui y reste enfermé de 1840 à 1844. Par bonheur, quelques-uns parviennent à s'évader. C'est le cas du peintre Colombat ; dans la nuit du 24 au 25 juin 1832, il glisse

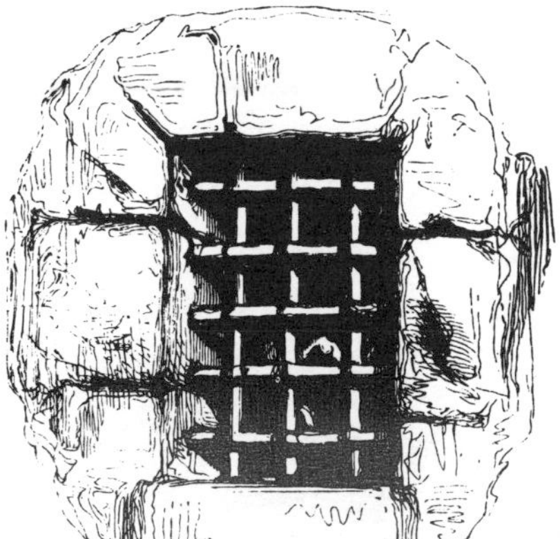

Blanqui dans sa prison (1832)

Gaultier sculptant les stalles de l'abbaye.

Représentation du prisonnier Dubourg attaqué par les rats. En fait il est mort de faim en 1745.

le long d'une corde qu'on lui a fait passer dans un pain et s'enfuit à Jersey avec la complicité d'un gardien.

Il faut les protestations de Hugo, de Nodier, de Gautier, de Michelet pour que la Merveille de l'Occident cesse d'être une Maison de force perdue au milieu des flots. Par décret de 1863, Napoléon III supprime la prison malgré l'opposition des Montois : « On ne saurait nier que la suppression de la maison centrale du Mont Saint-Michel n'ait causé de l'émotion dans ce pays. Enlever parmi nous une population de plus d'un millier de personnes, prisonniers, garnisons, employés, c'est porter atteinte à beaucoup d'intérêts. » (Edouard Le Héricher, 1864)

* La sinistre invention du cardinal La Balue, qui en fut le premier hôte, fut produite à une dizaine d'exemplaires. Il y avait deux cages à Paris, deux à Loches, une à Chinon et deux à Angers. Celle du Mont a disparu à la fin du XVIIIe siècle.

Une des célèbres maisons du Mont.

Plombs de pèlerinage.

Le télégraphe à la place de l'Archange

« Au faîte de la pyramide, à la place où resplendissait la statue colossale dorée de l'Archange, on voit se tourmenter quatre bâtons noirs. C'est le télégraphe. Là où s'était posée une pensée du ciel, le misérable tortillement des affaires de ce monde !'' (Victor Hugo)

L'heureux temps où les Montois payaient moins d'impôts

De tout temps, la rue principale du village a égrené boutiques et hôtelleries. Au Moyen Age, les « marchands d'imaiges » vendaient des fioles de verre contenant de l'eau des fontaines ou du sable de la baie, des « cornets » pour appeler à l'aide en cas de danger sur les grèves, et surtout des enseignes et des plombs de pèlerinage. Le 25 février 1393, le roi Charles VI exempta des droits d'Aide les objets de piété qui se fabriquaient et se vendaient au Mont : « Charles, savoir faisons à tous présents et à venir, nous ayant ouï la supplication des gens demeurant au Mont Saint-Michel, faisant et vendant enseignes de Monseigneur saint Michel, coquilles et cornets de plomb et étain jeté en moule pour cause de pèlerins qui illec viennent et affluent...avons octroyé et octroyons par ces présentes que eux et leurs successeurs marchands soient francs, quittes et exempts à toujours de payer ladite imposition. »

Les auberges avaient pour nom « Ecu de Bretaigne », où descendaient les pèlerins bretons, « Hôtellerie Saint-Yves » fréquentée par les avocats, « Hôtellerie des Loges » pour les gens d'Eglise, « La Teste d'Or » appréciée des seigneurs...On y servait poissons, fruits de mer et crevettes. Un jour de 1872, l'architecte Edouard Corroyer s'établit au Mont avec sa femme et leur servante, Annette Boutiaut. Celle-ci épouse l'année suivante le Montois Victor Poulard et se met aux fourneaux de l'hôtel Saint-Michel-Tête d'Or. Elle y met au point la recette qui fera sa renommée : l'omelette de la mère Poulard.

L'omelette de la mère Poulard

C'est le secret le mieux gardé du Mont. Nombreux sont ceux qui ont cherché à l'élucider, mais, semble-t'il, personne n'y est parvenu avec certitude. On dit que c'est une omelette bien crémeuse dont on aurait battu séparément les jaunes et les blancs des oeufs. Il doit y avoir de cela, mais, de toute façon, il y a un tour de main, un air du Mont Saint-Michel, qui font que jamais ailleurs vous ne mangerez de meilleure omelette.

 Ce livre a été imprimé et façonné par Pollina, 85400 Luçon - n° 82544.